विचारों का मंथन

सामाजिक ढकोसलों से विकृत कविता संग्रह

अभिषेक पाण्डेय

ISBN 979-888546766-7

सर्व प्रथम मैं अपने माता - पिता को नमन करता हू, मेरे इस
कार्य में उनका सदैव आशीर्वाद बना रहे,

इस रचना को लिखने, संकलित करने और हर कविता को बार
बार सुनने और सुनकर प्रेरित करने का श्रेय स्नेहल मोरे, जो
की मेरे मित्रों की श्रेणी में सर्वोपरि और स्वयं एक विदुषी हैं को
जाता है, सदैव प्रेरणा का श्रोत बने

क्रम-सूची

क्रम-सूची

प्रस्तावना

सदैव शान्त वातावरण में लिखा जाय ऐसा हमारे विद्वानों और श्रेष्ठ जनों का मानना है, पर मेरे साथ कुछ विपरीत हुआ, इस संकलन में लिखी हुई हर रचना किसी न किसी मोड़ पर, भीड़ भाड़ में, या किसी को बस यूं ही काव्यमय व्यंगात्मक प्रतिउत्तर के लिए जल्दबाज़ी में लिखी गयी हैं, हाँ सुनाया जरूरु है मैंने शान्ति से बैठकर अपने प्रिय मित्र स्नेहल को, हमारी बातों में काव्य और बहस के साथ साथ एक रुचिकर प्रसंग हुआ करता था, शाम कब सवेरे में बदली कुछ ऐसी वार्ता और कवितमयी संध्या हुआ करती थी, प्रेरणा वहीं से मिली, अगर किसी को मेरी एक कविता के बाद दूसरी कविता सुनने में इतना रस मिल रहा है तो क्यूँ न इसे संकलित कर प्रकाशित भी किया जाय|

भूमिका

अजीब सा लगता है जब कोई न चाहते हुए भी कुछ अलग करता है , बड़ा अजीब सा पल होता है जब एक कशमकश में हम कभी-कभी कुछ अलग सा करते हैं ,

जो शायद नहीं करना चाहते थे ,या उसके विपरीत विचार थे |

उपर्युक्त पंक्तियाँ मनोभाव को साझा करती हैं, ऐसे ही कुछ कुंठित विचारधाराओं से परेशान और विक्षिप्त मैंने भी कलम उठाई और कौतूहल पूर्ण सभी रचनाओं को अपने यथार्थ भावों से शब्दों में बांध दिया|

किसी व्यक्ति के मनोभाव या उसकी व्यक्तिगत विचारधारा से खेलना एक रूढिवादिता है और कुछ नहीं , इन ढकोसलों से पर्दा उठाना नितांत आवश्यक है वरना न जाने कितने ही शांत स्वभाव के बालक इसकी आहुति में खुद के विचारों की और स्वतंत्रता की बलि देते रहेंगे ,

परिवर्तन नितांत आवश्यक है , समाज के लिए , व्यक्ति विशेष के लिए , चली आरही कुंठित विचारधारा में परिवर्तन करने मात्र से ही किसी व्यक्ति विशेष को लाभ होगा और वो सुचारू रूप से आगामी जीवन यापन कर सकेगा |

1. मेरी तरह से...

समुन्दर की लहरों के पार भी देखने की गुंजाइश रख ,
अगर मिलना है मुझसे मेरी तरह से ,
एक बार तो अपने चेहरे से वो नकाब हटा के देख ,
जिसे ज़माने के डर से लगा रखा है एक अरसे से..
गर मिलना है मुझसे मेरी तरह से !
कुछ दूर नंगे पांव चलकर तो आजमा अपने एड़ियों को ,
जो कोमल होगयी हैं , संगमरमर पे चल चल कर ,
गर मिलना है मुझसे सिर्फ मेरी तरह से ;
कुछ पल बेखोफ होकर जीकर तो देख ,
एक अरसे से जो सहमी हुई आँखे भूल गयीं है परवानगी ,
गर मिलना है मुझसे मेरी तरह से ,
कुछ लम्हों के लिए खुद को भीड़ से जुदा तो कर ,
जिस भीड़ में गुमनाम है शक्शियत तेरी ,
गर मिलना है मुझसे मेरी तरह से

2. समर्पण

आँखें खुली थी की, ज़माना नही पता था,
एक हँसी दिखी थी पहली बार, की आशियाना नही पता
था,
कुछ समझते रिश्तों को या अपनी ज़ुबान को, कि बोलना
नही पता था
आहिस्ता से यूँ मुख़ातिब कराया सबसे, कि पापा भी नही
पता थे
सज के पढ़ने जाना है या यूँ ही खेलने जाना है, की दुनिया
के रंग भी नहीं पता थे,
गले लगने को प्यार और दूर करने को तकरार कहते है,
कि भावनाओं के रूप भी नहीं पता थे,
मेरी भूख है या खेल में लगी कोई चोट, कि रात में सिसक
कर रोना,
कि ख़ुद के मरहम भी नहीं पता थे,
बस पता था एक एहसास, एक अपनापन,एक दुलार,
लाड, मोह, ममता और एक हिस्सा आपका,
कि बस पता था कि आप माँ हैं,
कि बस पता था कि आप ही ये जहाँ हैं,
कि बस पता था की आप मूरत हो ममता की,
कि बस इतना पता था,कि पहली टीचर और और पहली
डाक्टर थी आप,
कि बस इतना सा ही पता था, की आप हो बस बस हो

प्यार करना भी आपने ही सिखाया, की दुनिया को भी
आपने ही दिखाया ....
पर अब ख़ुद ही नज़रों से ओझल हुई एकांत में मग्न हैं!
कि आज भी ज़रूरत है आपके होने की आपके थप्पड़ की,
आपके हँसी की और बस आपकी !!!!

3. वंदना

हर किसी के मुह पे जय माता जी है
मग्न है भीड़ की आज नवरात्र है
अजीब सा चेहरा दिखता है भीड़ का कभी कभी
वंदना भी होती है समय को देखकर
वो आज वंदनीय है जो कल वांछित थी
वो आज पूजनीय है जो कल कलंकित होगी
वो आज माँ का स्वरूप है जो कल फिर से कुल्टा होगी
वो आज दिखावा है जो कल फिर से शर्मसार होगी
वो आज अनंत भोगों और प्रसाद की देवी है
जो कल फिर से खुद ही किसी राक्षस का भोग होगी
गर्व है आज के दिन सिर्फ, समाज को अपनी नारी पर
जो कल फिर से समाज के निचले अपमान का हिस्सा होगी
सजाया जा रहा है जिसे आज तरह तरह के आभूषणो से
कल फिर से वही हर सड़क पर नीलाम होगी
शिद्दत से आज जिसके सामने दुआ को झुके है
कल फिर से वो अपनी इज्जत की भीख मांगती होगी
शिलाओं को तो बहोत पूजा हमने कालों से
चलो आज पूजते है प्रत्यच्छ देवियों को
मांगते है आज उनही से उनके गौरव को
आभूषण न सही अपना अहंकार समर्पित करते है आज ऊँह सबको

भोग न भी लगाया तो भी सही , कभी भोग नहीं बनाएँगे
उनको ये बताते है आज खुद को
की आज नवरात्र है, पूजते है आज खुद की देवियों को ,
मनाते है आज अपनी ही बेटियों को

4. मूरत प्रेम की

उजला सा चेहरा घने बालों के बीच
बिखरी हुई हँसी अनजानो कि बीच
नयी नयी सी थी वो हम सबके बीच ।
बेबाक़ बोल देना कही भी किसे के बीच
हँसकर समझा देना हर उलझनों कि बीच
कुछ यूँ आयी थी वो हम सबके बीच ।
यूँ आहिस्ता से बड़ी जल्द जगह बनाना
ओर अपना कह कर साथ में होजाना यूँ ग़ैरों के बीच
कुछ इस तरह से हमारा हिस्सा बनी वो हम सबके बीच ।

5. कर्ज़ ज़िंदगी का

ज़िन्दगी से कुछ लम्हे ख़ुद के लिए चुराकर
बाद उन्हें ही जीने की कोशिश करता हूँ कभी कभी!!
जश्न में शरीक ना होना और तन्हाई में यूँ ही बैठना
कि ज़ाम भी नहीं हाथों में और बेजान सा मैं कही ना
कहीं!!
अनजानो की खोज थी अपना सबकुछ बयाँ करने को
पर हर मोड़ पर मिले ख़ुद के ग़म से ग़मगीन कही ना
कहीं!!
अनजानो से क़िस्से कहने की ख़वाहिश थी बस इसलिए,
मन भी हल्का होजाया करता है और आबरू भी बची रहती
है कभी कभी !!
अपने टूटी हुई क़िस्मत के टुकड़े समेट कर आगे निकल
जाने की कोशिशमें
उलझ जाता हुँ शुरुआत के धुँधले से सच में कहीं ना कहीं!!
कुछ रिश्ते क़र्ज़ की तरह होते हैं,जिन्हें निभाना नहीं
चुकाना पड़ता है,
कि बस यूँ ही चुकाने पड़ते हैं क़र्ज़ ज़िंदगी के कभी कभी!!

6. एक और त्योहार

एक और त्योहार बीत गया की हम दूर रहे अपनो से
दुनिया के रंग से रंगरेज हुए बस दूर हुए घर से
यादों का सिलसिला साथ लिए बस रो लिए अकेले मे
की समझाया फिर ख़ुद को ये अंतर सच और झूठ मे
बचपन की पिचकारी और रंगों मे ख़ुश तो थे बहोत मगर
ख़ुद की ज़िद ने ही लाया था इस ओर कभी आहिस्ता से
हर बार दिखायी देती है वो ख़ामोशी अनजानी सड़कों से
जिसकी गूँज से गूंजा करते थे गलियों और मुहल्लों मे
वो रह गयी बस यादें बनकर एक बिल्डिंग के कमरे में
पापा के वो खिलौनो का लेकर आना अभी भुला पाते के
ख़ुद ही खिलौना बन बैठे इस दुनिया की दुनियादारी के
की एक और होली बीत गयी और बन बैठ रंगरेज
इस दुनिया में दुनियादारी के
कि एक और त्योहार बीत गया और दूर रहे हम अपनो
से.. !

7. एक गुजारिश

एक गुजारिश है तुझसे ऐ ज़िन्दगी , थोडा सा साथ दे मेरा
उन राहों पे , जिसे मै खुद बनाकर ;
जिस पर चलना चाहता हु मै,
कुछ देर के लिए ही सही पर खुद को पाना चाहता हूँ मै ,
वक़्त दे मुझे थोडा सा इन झंझावातों से चुराकर,क्योकि
कुछ पल खुद के लिए जीना चाहता हु मै ,
कुछ ऐसा कर दे तू की भूल जाऊं मै इस जमाने की सारी
दलीलें और गुम रहूँ अपने आप में ,क्योकि कुछ पल जीना
चाहता हु मै,
एहसान कर मुझ पर इतना की , भुला दे समाज मुझे कुछ
पल के लिए , क्योंकि कुछ पल खुद को पाना चाहता हु मै
,
रहम कर इतना की कोई रहम की नजर से न देखे मुझे
कुछ पल के लिए , क्युकी कुछ पल के लिए खुद का वजूद
पाना चाहता हु मै,
अगर ये भटकना है तो , भटकना ही सही , कुछ पल के
लिए भटका दे मुझे , क्युकी कुछ पल के लिए अनजान
राहों पे चलना चाहता हु मै,
चकाचोंध न सही , अँधेरा ही रहने दे , कुछ पल के लिए
इस धूमिल उजाले से ओझल कर मुझे , क्युकी कुछ पल
के लिए सच से रूबरू होना चाहता हु मै,

मिटा दे ओहदों के निशान मेरे माथे से , रहने दे मुझे कुछ
पल उस दुनिया में ,जहाँ ओहदों की नहीं इंसानियत की
क़द्र होती थी ,
बना दे फिर से मुझे वही शक्शियत जो कभी हुआ करती
थी इस चकाचौंध में आने से पहले , क्युकी कुछ पल के
लिए भावुक होना चाहता हु मैं,
बस इतनी सि गुजारिश है ऐ ज़िन्दगी ! बस इतनी सी
गुजारिश !!

8. साँझ का मलाल

दिन भर के सारे अस्त व्यस्त कामों में
उलझनों में, थकानो में
यूँ शाम हुई आहिस्ता से बिना मकामों में!

की ज़रा सा अँगड़ाइयों में सम्भालता ख़ुद को कभी
और यूँ ही बस समेटकर सब समझाता ख़ुद को कभी
यूँ ही दर रोज़ मिटते मिटते बचाता हूँ ख़ुद को कभी!

हर वक़्त की लड़ाई ख़ुद ही करता हूँ ख़ुद से
हर रोज़ नयीं सी सुबह के इंतज़ार में लड़ता हूँ ख़ुद से!

वो बातें जो बीती सी जा रही है इन सबके के बीच
ये समझना भी मुश्किल सा हो रहा है
की इन्हें बीतना ही था या साथ में भी रह सकती थी कुछ
पल बस यूँ ही हमारे तरह!

गर ये सिर्फ़ दुनियादारी है तो उतार दे थोड़ी देर के लिए
ही सही मुझे इस सफ़र से
की मैं भी देखना चाहता हूँ शक्ल उस हक़ीक़त की
जो मंज़िल की नहीं सफ़र की ख़ूबसूरती से रूबरो कराए!!

9. मिजाज़ ज़िन्दगी के

कभी बदलते मिज़ाज से , कभी बेबाक हसीं से ,
दर रोज बदलते है मायने ज़िन्दगी के '
कभी अतीत के पन्नो से ,तो कभी आज के लम्हों से ,
दर रोज़ बदलते हैं , मिजाज़ ज़िन्दगी के ,
कभी रुकसत की आंधी से , तो कभी इनायत की बरसात
से ,
दर रोज़ बदलते है मौसम ज़िन्दगी के '
कभी तन्हाई की रातों से , तो कभी मोहब्बत की बातों से
'

दर रोज़ बदलते है ख्वाब ज़िन्दगी के "
कभी बचपन की ख्वाहिशों से , तो कभी ज़वानी की
उम्मीदों से ,
दर रोज़ बदलते है एहसास ज़िन्दगी के,
कभी अंधेरों के डर से , तो कभी अपने ही ग़म से ,
दर रोज़ सहमते है अंदाज़ ज़िन्दगी के/
कभी किसी की विदाई से ,तो कभी किसी के आने से ,
दर रोज़ बदलते है चेहरे ज़िन्दगी के /

10. बाज़ार

यूँ आहिस्ता से अलंकृत शब्दों में बयाँ हुई वो दास्ताँ

शब्दों के खेल में पारंगत थे सभी

थे जीवन के सारे तौर तरीक़ों से रूबरू सभी

पर उस भीड़ में उस महफ़िल में था अनजान भी कोई

ख़बर थी जिसे सभी के स्वार्थ की

परखा था जिसने सभी को अपने बढ़ते उम्र के साथ

एक पल के लिए पूरी दुनिया ही बेगानी सी लगी

उस पल जब तेरी इजाज़त के बग़ैर तेरे बोली लगी

बचपन से अनजानो से दूर रहने की सलाह

गुम होगयी थी कहीं आज इस अनजान के लिए

ना जाने वो क्यूँ बस अपनी ही सुनाते जा रहे थे

ना जाने क्यू बस वो उनकी ही सुनते जा रहे थे

एक बार भी ना पूछा हमें अपना समझकर

की रजा बता दे अपनी इस महफ़िल से दूर ही सही

कैसे कहूँ मैं इसे बस एक रिवाज या रस्म

जिसने हर किसी को बस गुलाम बनाया है

11. हत्या

हत्या की संस्कृति में प्रेम नहीं होता है,
कभी अपनों की,कभी अपनेपन की,
कभी मोह की तो कभी माया की,
कभी रिश्तों की तो कभी ख़ुद की,
हत्या ही है, जो कभी साक्षात् नहीं
पर हर वक़्त हमारे इर्द गिर्द ही रही,
ख़ून नहीं दिखते अक़्सर ऐसी मौतों में
सन्नाटे बयां करते हैं उन सारे कौतूहल को..
कुछ ऑटो नहीं बस अब देखना
कि बंद करो अब ये घमासान
वरना बन जाएगा ये सब श्मशान..!

12. मलाल

मलालों की फ़ेहरिस्त में एक मलाल मेरा भी
धुँधली सी परछाइयों में एक साया मेरा भी
यूँ भागती सी साँझ में एक किनारा मेरा भी
हर वक़्त की दलीलों में एक विवाद मेरा भी
झंझावातों के बिगड़ते माहौल में एक ठहराव मेरा भी
यूँ भागती सी ज़िंदगी में एक रफ़्तार मेरी भी
ग़र हर इतवार रोया कोने में चुप रहकर मन मेरा भी
तो फिर क्यूँ बिछड़ती सी ज़िंदगी में
साथ ना हो सका तेरा - मेरा भी

13. रिश्ता

यूँ कहने को तो बहोत कुछ है दरमियाँ
कि क़वायद बस वक़्त की है...
यूँ मानने को तो बहोत कुछ है यहाँ
कि बात उलझे हुए रिश्तों से परे की है...
यूँ तमाम बंदिशों की साज़िश ही है
कि बात बस तेरे आमद की है...
यूँ रंजिशों के दम घुटे हैं यहाँ
कि बात सिर्फ़ तेरे इजाज़त की है...
यूँ ही कह भी दिया था कभी तेरे ही दरमियाँ
कि बात बस हमारे मिज़ाजों की है....
यूँ बिखरी सी ज़ुल्फ़ों मे ढका हुआ उजला सा चेहरा
कि बात बस तेरे से अपनेपन की है
नाम ना हम दे पाएँगे इस ख़ुशमिज़ाजी को
कि बात बस हमारी और तुम्हारी है...

यूँ बीत जाया करती थीं रातें कि जब हम बैठते थे

ओल्ड मोंक की रुमानी थी या अपनी कहानी

ना रुकेंगे आज ये कहकर पूरी रात बितानी

बस हम तीन ही थे दिखने को कि एक अनदेखी कहानी!

रोया सबने अपने अपने हिस्से का सबब भर भर के

बस रह गयीं वो यादें एक बालकनी में यूँ ठहर के

वो ठहांके, वो हँसी, वो मिश्राजी के भूतिया किस्से

किसे पता था बिखरेंगे ये तीनो में एक ही हिस्से

दर रोज़ लगाना सपनो को पंख बेबुनियादी तीरों से

आसान नहीं था दो दिन का विरह उन उन्मुक्त परिंदों से

कि अब हो जाया करतीं हैं बातें बस पखवारे में उन्ही से

ग़र यही नतीजा हर बार मिलेगा मुझको

कि अबकि बार ना आऊँगा बुलावे पर तुम सबके

ग़र यही देखना पड़ता है अंतिम पल में मुझको

कि अबकि बार ना लगाऊँगा वो मन तुम सबसे

ग़र बना बना के सज़ा लिया है यादों को मेरी

तो आजाओ अब बहुत हुआ कि साँझ तके है मेरी !!!

15. कविता

कविता, एक शान्त और एकांतप्रिय प्राणी ही है,
यूँ हर बात पर मुँह नहीं लगती,
झिझक कर या इतरा कर दूर चली जाती है,
वहीं चतुरता दिखायी ग़र आपने अपनी
तो वह कई गुना चालक और तीखी हो जाती है,
पर ज़रा सा जो बैठे साथ में पढ़ने को
एकांत में वो ख़ुद के, तुमको भी समेट लेती है,
हर पंक्ति पंक्ति में उलझनो को
उन्मुक्त सरल धारा प्रवाह से सिंचित कर जाती है,
परतों में दबी कहानी थी वो
अब पंक्तियों में व्याख्यान कर जाती है,
कोमल पुष्पों के पंखुड़ियों सी
हर दिशा को सुगंधित कर जाती है..!

16. नींद

आँखें झपकते यूँ आग़ोश में शय्या के
कुछ जाने, कुछ अनजाने से ख़्वाबों में
जब जब सोया मैं अपने ही आशियाने में,
हर दफ़ा माफ़ी ही दी उसने ना सिर्फ़ मुझे
बल्कि मेरे गुनहगारों को भी, अपने आग़ोश में लेकर..!
यूँ परे किया दुनिया के सारे झंझावातों से
बस पनाह दी उसने हर वक़्त के इल्ज़ामों से
ऐ नींद तू हमेशा को मुझमें ही समा जा,
कि नहीं देखना अब उठकर ये जहां दुबारा से..!

17. ममता||माँ

पहले जिन उँगलियों में प्यार ओर स्वाद होता था
ना जाने कब उनमें ये कलेस्टरॉल चिपक गया,
हर सुबह पराँठे की ख़ुशबू से महकती थी
की ना जाने कब ये कॉर्न फ़्लेक्स ओर ओट्स आ गया,
चाय के बड़े वाले कप की लड़ाई में लड़ते लड़ते,
ना जाने कब ब्लैक कॉफ़ी ओर ग्रीन टी आ गया,
कपड़ों के कतरन से बनाए नए स्वीटेर पे इतराना,
और फिर ना जाने कब मॉल का गारमेंट आ गया,
ऐसा नहीं की तारीफ़ों का मौसम बदल गया,
हुआ कुछ यूँ की बस उनका हक़दार बदल गया,
स्कूल से आकर पहला शब्द ये होना "मम्मी कहा हैं"
ना जाने कब ऑफ़िस से आकर ख़ामोशी में बदल गया,
फ़ुर्सत में जिनके साथ उनके ही बनाए खेलों को खेलना,
ना जाने कब पब,पूल और रिज़ॉर्ट में बदल गया,
बदल सा गया तरीक़ा, मिज़ाज और खान-पान,
बस क़ायम रहा वो प्यार वो दुलार वो ममता,
आज बहोत याद आती है वो आपके पराँठे की ख़ुशबू,
वो डाँट,वो चिल्लाना, वो बुने हुए स्वीटेर ओर आपकी
कमी!

18. वज़ूद.

क्यूँ किसी को बताई जाएँ बातें अपनी

कि जब हम ख़ुद ही सुनते हैं वो आवाज़ें अपनी

कि ज़मानें के पैमानो को माना है हर दफ़ा

क्यूँ ना इस बार मानें अपनी दलीलें

ग़र हर रात ये सोचकर रोया है मन मेरा

तो क्यूँ ना इन बेड़ियों को तोड़ा जाय इस बार

कि कब तलक हमें बनाओगे अपने वज़ूद का किरदार

हम ख़ुद ही हैं क़र्ज़दार ख़ुद के तीमारों के...

19. चीख़ें

बेमौत मरे 'अभागों' की गिनती भी अब मुश्किल है
चहुँओर मचा है हाहाकार चीख़ों से फटती छाती है
लाखों पड़ें हैं शय्या में, करोड़ों ने की है अर्ज़ी दाख़िले की
बिलख रहा ऐ देश हमारा महामारी ने खोली है पोल कई
जिनके दीवाने बने घूमते हो ना आया उनमें से एक कोई
कहने को साम्राज्यवाद है देखा तो उनमे सामंती कई
लाज गँवायी हया बेंच दी, रूह ना काँपी मानवता बेचते
लगे हुए हैं चंद जुझारू मौत से जीवन दिलाने को
उनको भी यूँ अपशब्द सुनाए तथाकथित रौब दिखाने को
बाहर बिलख रहे हैं परिजन अपनी अपनी बारी को
अंदर स्वान रचाएँ लेटे हैं कहते ख़ुद को शुभचिंतक वो
यूँ नहीं रहा अब वक़्त कोसने का पिछले कुछ दशकों का
कि अब तो जागो हे डंकापती स्वप्न से अपने विकास का
ग़र नहीं रही ये मानवता तो किसको फिर से बरगलाओगे
यूँ सुनने को तुम्हारी लम्मपटयी क्या लाशों को बुलाओगे!

20. पलायन...

ना कोई त्योहार है और ना ही कोई मेला

ना आयी दीवाली है ना रंगो की होली

ना ब्याह की ऋतुएँ आयीं हैं ना आयी कोई छुट्टी

फिर भी देख रहा हूँ मैं सड़कों पे एक मेला... !

घर बुलाये, परिवार बुलाए,अपने ही अपने को ना भाए

नंगे पावों जलती दुपहरिया,रातों की वो ठंड भी खाए

पटरी,सड़क और जंगल में भी रुकने पे वो बच ना पाए

सबने देखा,भरी निगाहों उनकी लाचारी को और फिर भी

उनको रोक ना पाए...!

अरे रौंद दिया अरमानों को जिनके उनकी ही क़िस्मत नें

तुम क्या उनको रौंदों को चलती मोटर के पहियों में

उम्मीदों की चादर ओढ़े, भूख को अपने आप ही भूले

चलते है वो घर की ओर कि जाना था उन्हें स्वर्ग की ओर

हर बार तिरस्कार ही दिया है , इसमें क्या नया था

बार बार फुसलाया है इसमें क्या नया छल था

बाद बात ज़रा सी अलग होगयी, हमने भी देखा था

भूखे नंगों के नामों पर तिजोरियों का ठाट था

इस बार सहज नंगी आँखो ही निर्लज्ज हुआ मानव था

21. पराधीनता

क्या होना था क्या हो रहा है
बनने को साक्षी हम विकास के थे
कि बन रहे हैं साक्षी बर्बादी के
यूँ मुख़ातिब हुई है तीमारदारी ज़ेहन में
हर शख़्स बेआबरू और कहने को लिबास में
हर शख़्स है ख़ौफ़ में जीना किसे कहा जाए
दिन अगर कट भी जाए तो रात को रोना आए
लाशों के ढेर ढोने वाले ने भी बताया है
मंज़र आज तक उसने ना ऐसा सजाया है
टूट रही हैं नलियाँ शव दाह घरों की
ना टूटी तो बस वो चुप्पी थी हमारे जनाब की
चुप रह गए तो नज़र से बच जाएँगे
ग़र बोल उठी ज़ुबान तो देशद्रोह में आ जाएँगे..!!

22. वृतांत स्वयं का

दुःखद तो ये है
कि वृतान्त ही हमारा है
और हम ही वृतान्त हैं
रक्षक ने ही सम्भाला है
ज़िम्मा हमारे पतन का
कि काश हम उठ पाते
ज़रा सा उन्मुक्त होकर
यूँ बंधी ज़ंजीरों में जकड़े हैं ,
कि हम सहमें नहीं
बस बात है वक़्त के उसूलों की
वो भी नस्तनाबूत होगा
जो आज सरताज है इन सभी गुनाहों का !

अध्याय 23

आज सुकून से सोएँगे ये सोच कर लेटे
कि एक एहसास उसके होने का सारी नींद उड़ा ले गया,
रूमानी हम भी नहीं हुए कि ये ख़्वाब थे उसके होने के
यूँ रात से छुपकर भी हम कुछ कह ना पाए,
आएँगी जब जब यादें तुम्हारे अपने पन की
यूँ अंगड़ाइयों में बामशक़्क़त हम रह ना पाएँगे
लड़ाइयाँ ही सही कि साथ तुम्हारा ही हो
बेबस सुनसान सी रातों में एक सहारा तुम्हारा हो
यूँ रात भर लड़ते झगड़ते बीत जाएँ कशितयाँ हमारी
कि यूँ रात से छुपकर भी हम कुछ कह ना पाए !!

24. यूँ एकांत

घने कोहरे में भी दूर तक दिखता है

अंधेरी रातों में भी भीतर से उजाला है

सन्नाटे में भी अलग सी गूंज है

बिखरे हुए हम और दिखने में यूँ मजबूत है

कमरा वही मेरा कि बस अब अपना नहीं लगता है

दीवारें चौड़ी और छत कुछ ऊँची सी लगती है

कि सिमटा सा मैं एक कुर्सी पर तीमार हूँ

मैं ही नहीं अब सब कुछ यूँ ही बेक़ार है

ठण्डी रातों में भी अज़ब सी सिहरन है

काली रातों में भी अज़ब सी चमक है

कोहरा दूर तलक ना देखने देता है

और मन है की पास नहीं देखने देता

कब उम्र के इस दौर में हम यूँ सिमट के रह गए

देखते दिखाते रंगीन सी दुनिया में यूँ बेरंग रह गए !!

25. यादें

आज फिर एक बार तुझसे मिला हूँ तेरे बिना ही,
यूँ आवाज़ ना थी दरम्यान बस ख़ामोशी थी तेरे बिना,
यादें समेटकर एक एक रातों में बाँटा है
दूरियों को अब मैंने कुछ इस तरह से काटा है
तुम्हारी बातों का नहीं ज़िक्र तुम्हारा ही था
बात एहसासों की थी और वक़्त भी तुम्हारा ही था
मैं क्या अब मिलूँगा किसी से यूँ दरख़्तों में
जब मिलकर मिल ही गए तख़्तों में परस्तों में !

26. सवालों के पायदान

क्यूँ हर बार मैं एक क़दम बढ़ाने से डरता हूँ
क्यूँ हर बार मैं एक नयी सुबह की रोशनी से छिपता हूँ
क्यूँ हर बार वो बीती सी परछायी का ख़ौफ़ होता है
क्यूँ हर बार ज़ेहन में एक नया सा उन्माद होता है
क्यूँ हर शाम की रोशनी अंधेरे सी लगती है
यूँ वक़्त बेवक़्त की अधूरी नींद उम्मीद होती है
यूँ बात बात पर बेबाक़ क्यूँ हुआ करते हैं
हर बार की तरह हम यूँ आम क्यूँ नहीं हैं
कि कल तक की ख़ुशियाँ यूँ क्यूँ बिखरती है
हम परिंदों की बंदिशें यूँ क्यूँ जकड़ती हैं
क्या गुनाह था अपना की अपने में ही खोए हैं
ख़ामोश रातों में भी चिल्ला कर सोए हैं
कि खामोशी में भी टूटा हुआ अर्श सुनायी देता है
बस अब तो हर अपना दूर होता हुआ दिखता है ..!

अध्याय27

यूँ राह पे चलते राहगुज़र से मिले

कि सब जानकर हम हँसकर मिले...

क्या बताना उनको अपने आप का मलाल

कि वो बस वक़्त दो वक़्त को मिले

ग़र हर किसी को बताया हमने अपने मिज़ाज

तो शख़्सियत होजाएगी यूँ आम ओ ख़ास....

हमारी हँसी ही थी मासूमियत की दरख़ास

कि हर बार दिखाया बस वही अन्दाज़

ख़ामोश होकर जब भी बैठे यूँ अकेले में

जिसकी याद आयी पहले उन पहलों में

बस वही तो था जिसे बताने को थे हज़ारों जज़्बात

यूँ आम ओ ख़ास में नहीं ज़ेहन के थे हर अल्फ़ाज़

बाद वही बना हर बात का हक़दार

कि अकेले में की थी आमद जिसने हर बार

इत्मिनान से पन्नों को पलटन था उसके साथ

कि रात यूँ गुज़ारी थी कि सपने में हो जैसे उसके साथ

यूँ जानकर अनजान अब क्यूँ बन गए

की इतने होशियार हम कब बन गए !!

28. बचपन

चलो बस हो गया बचपना कि अब तुम बड़े हुए
किताबों में जूझे की डिग्री में लिपटे हुए
चलो अब बहोत हुआ सोना की तुम अब बड़े हुए
हुआ था यही कुछ साथ अपने भी कि हम जब बड़े हुए!
बेवक्त की ज़िम्मेदारी थी या सालों की लाचारी
बचे हुए कुछ सपने थे या दबा हुआ एहसास ज़रूरी
नहीं संभल सकता था या जो टूटी हुई सुराही
चलो की अब तुम बड़े हुए और आयी ये ज़िम्मेदारी!
रैना आस निहारेंगे उन इमारतों के शौक़ पे
की तुमको तो बस रहना है उस किराए की चौखट पे
भूखा नहीं पर भरा भी नहीं था मन उन अरमानों पे
जिनके पीछे भागा हूँ आज भी आधी रातों पैरों पे!
बस यूँ ही बड़े हुए हैं हम उन सबको देख दिखाकर,
चलो कि अब हम बड़े हुए ....